Minutos de Motivação para Homens

Minutos de Motivação para Homens

Inspirações Rápidas para o Melhor Momento de sua Vida

Stan Toler

Traduzido por Henrique Pesch

1ª Edição

Rio de Janeiro
2015

Todos os direitos reservados. Copyright © 2015 para a língua portuguesa da Casa Publicadora das Assembleias de Deus. Aprovado pelo Conselho de Doutrina.

Título do original em inglês: *Minute Motivators for Men*
Dust Jacket Press, Oklahoma City, OK, EUA
Primeira edição em inglês: 2011
Tradução: Henrique Pesch
Preparação dos originais: Miquéias Nascimento
Capa e projeto gráfico: Elisangela Santos
Editoração: Leonardo Engel

CDD: 242 - Devocional
ISBN: 978-85-263-0713-1

As citações bíblicas foram extraídas da versão Almeida Revista e Corrigida, edição de 1995, da Sociedade Bíblica do Brasil, salvo indicação em contrário.

Para maiores informações sobre livros, revistas, periódicos e os últimos lançamentos da CPAD, visite nosso site: http://www.cpad.com.br.

SAC — Serviço de Atendimento ao Cliente: 0800-021-7373
Casa Publicadora das Assembleias de Deus
Av. Brasil, 34.401, Bangu, Rio de Janeiro – RJ
CEP 21.852-002
1ª edição: Maio/2015
Tiragem: 3.000

Introdução

Alguns homens bons? Não, existem milhões deles – em seu mundo, em sua comunidade, por toda a sua volta. Em todos os lugares, existem homens que decidiram viver acima das tendências e dos tempos. Estes homens estão mais interessados em fazer a diferença do que fazer um milhão. Eles recusam trocar princípios por poder, amor pela lascívia, ou compaixão por uma promoção.

Como eles fazem isso? Eles seguem o plano de jogo. Eles fazem as jogadas que outros vencedores fizeram. Eles fazem as escolhas certas. Vivem pelo padrão mais importante – excelência.

Minutos de Motivação para Homens é uma cartilha. Parágrafo por parágrafo, frase por frase, este livro vai lhe dar os "insights" (percepções) que vão colocar você na posição vencedora.

Vamos à vitória!

– Stan Toler

Tome conta de sua atitude.

A maior descoberta de minha geração é que o homem pode mudar sua vida por simplesmente mudar sua atitude de pensamento.

– William James

Atitude

Há muitas coisas que você não pode controlar. Você não pode controlar o clima, o trânsito, as atitudes de seu chefe ou o resultado final de um evento esportivo. Mas há uma coisa que você pode controlar: sua atitude.

Você não pode controlar o clima, mas pode escolher cantar na chuva. Você está no comando de suas próprias ações e reações. Você escolhe se vai ficar nervoso ou permanecer calmo, se vai ficar otimista ou pessimista. Tome conta de sua atitude mental. Você pode carregar coisas negativas e prejudiciais, ou pode colocar um filtro em seus pensamentos. Cabe a você decidir.

Escolha ter um pensamento positivo. Existe um pouco de sol para cada dia. O sol está brilhando atrás das nuvens. Procure alguns raios.

Tenha o hábito de procurar o melhor em vez de o pior, dê um sorriso e também um tempo para as pessoas. É sua vida, afinal de contas. Tome conta dela!

Você é o que você pensa.

Faça com que todos se sintam importantes.

Não há nada melhor do que o encorajamento de um bom amigo.

– Katharine Butler Hathaway

Encorajamento

Mostre-me uma pessoa que não gosta de ser encorajada, e eu vou lhe mostrar uma pessoa que não gosta de nada. Todas as pessoas em sua vida – esposa, filho(s), cunhado(s), colegas de trabalho – têm isso em comum: eles precisam de encorajamento.

Aqui está um segredo de sucesso na vida: coloque as outras pessoas a sua frente. Faça com que se sintam valorizadas. Ofereça sua cadeira a um novato, diga "Bom trabalho!" fácil e frequentemente. Quando você encoraja os outros, eles se juntam ao seu time. Juntos, vocês vão realizar mais do que em momento algum conseguiriam sozinhos.

Como você se torna um encorajador? É simples. Pense nas outras pessoas antes de tudo. Você não precisa ser sempre o primeiro da fila. Alguém que você conhece precisa de um "tapinha nas costas", em vez de um chute. Quem sabe alguém precisa de reconhecimento muito mais que você – talvez alguém que sempre ouviu que é inferior. Você pode ser um agente de mudança.

Aprenda a se colocar em segundo lugar, e as outras pessoas vão pensar que você é o número um.

Planeje estar sozinho.

Sonda-me, ó Deus, e conhece o meu coração; prova-me e conhece os meus pensamentos.

– Salmo 139:23

Introspecção

Há uma pessoa muito importante em sua vida, alguém que você precisa conhecer.

Esta pessoa tem grande influência sobre você – mais do que seus amigos, sua família ou seus sócios. Quem é esta pessoa? É você.

Desenvolva o hábito de gastar tempo sozinho para introspecção. Poucos minutos de uma reflexão interior irá desenvolver seu caráter exterior. Ao pensar sobre o que você faz, como responde a situações, as emoções que sente, e por que as sente, você irá conhecer a si mesmo. Este conhecimento será valioso para você enfrentar a vida, especialmente em uma crise.

Tome alguns minutos no final do dia para refletir no que você pensa, como se sente e sobre quem você é. Ou apenas reserve um tempinho durante seu intervalo de almoço para sentar quietamente e pensar.

Tempo inútil? Dificilmente. Poderá ser o mais importante momento de sua agenda diária.

Uns poucos minutos gastos olhando pela janela pode lhe dar uma boa percepção de sua alma.

Estenda uma mão amiga.

Realmente precisamos
uns dos outros.

– Rueben Welch

Irmandade

Estamos nisso juntos. Se você e eu desejamos prosperar em nossas comunidades e em nossas carreiras, precisaremos depender um do outro.

Depender dos outros deveria ser natural, mas não acontece assim. Os seres humanos estão muito acostumados em ver um ao outro como inimigos. Competimos por emprego, promoções, boas notas – uma lista grande. É tentador olharmos somente para as nossas diferenças e vermos uns aos outros como estranhos.

De fato, não somos. Nós, filhos de Adão, somos mais parecidos do que diferentes. Claro, podemos ter uma cor de pele diferente ou falar idiomas diferentes. Mas compartilhamos necessidades comuns como amizade, paz e segurança.

Comece a enxergar a si mesmo como parte de uma irmandade – não uma que é conhecida por algumas cartas em grego, mas uma que inclui todos os homens em todos os lugares. Olhe para seu vizinho ao lado como membro de seu time. Procure formas de trabalharem juntos. Troque um aperto de mão com aquele colega de trabalho que é difícil de se relacionar. Ele pode estar enfrentando alguns dos mesmos problemas que você. E mais importante, procure formas de colaborar com os homens de sua igreja.

Imagine o que poderão realizar, se juntarem forças e trabalharem em conjunto.

Defenda corajosamente aquilo que acredita.

Um homem com coragem
se torna a maioria.

– Andrew Jackson

Coragem

Aquele velho ditado é realmente verdade: se você não lutar por algo, vai cair por qualquer coisa. Seja uma pessoa que tenha fortes valores e permaneça nestes valores.

Coragem não é algo que você vê nos filmes de Bruce Willis. É uma virtude realista que os homens precisam para poder ser bons maridos, pais e cidadãos. Se você acredita em algo, mais cedo ou mais tarde, esta crença será desafiada. É justamente aí que entra a coragem.

Coragem é dizer a verdade quando o lucro da empresa está em risco.

Coragem é prover para sua família indo todos os dias trabalhar, mesmo quando você não está a fim de ir.

Coragem é criar filhos com valores em um mundo sem valores.

Coragem é ser um homem de Deus em um mundo que zombam da fé e princípios.

Coragem é se levantar por aquilo que é certo, mesmo quando isso não seja popular.

Quem é o homem mais corajoso que conheço? Ele é o homem que vive sua fé, não importa o quê. Ele é um herói em meu livro.

Você é o que você acredita.

Não tenha medo de se arriscar.

O homem é feito de tal forma que, ao acender qualquer coisa em sua alma, as impossibilidades desaparecem.

– LaFontaine

Determinação

Edmund Hillary era um escriturário de Auckland, Nova Zelândia. Mas ele resolveu se arriscar. Em 29 de maio de 1953, ele se tornou o primeiro homem a colocar o pé no topo do Monte Everest. Sir Edmund Hillary saiu de uma sala de contabilidade para as páginas da história porque ele estava disposto a se arriscar.

Nenhuma coisa boa da vida vai acontecer por conta própria. Se você quiser qualquer mudança positiva, deve estar disposto a sair de onde está e ir atrás disso.

Está disposto a deixar a segurança de um pagamento mensal para começar seu próprio negócio?

Está disposto a tomar o risco de uma rejeição por tentar se aproximar de alguém?

Você está disposto a aceitar críticas e tentar mudar alguns comportamentos?

Talvez você tenha que entregar algo bom para ganhar algo melhor em sua vida. Como alguém já disse: "Você não pode fazer um bom omelete sem quebrar alguns ovos".

Ria facilmente.

A raça humana possui uma arma realmente efetiva, e esta é o riso.

– Mark Twain

Riso

"Ria, e o mundo vai rir com você", de acordo com Ella Wheeler Wilcox. Ela estava certa. Quando você ri, terá sempre companhia.

O riso é bom para você por diversas razões. É bom para o coração, literalmente, rir de vez em quando. Um bom senso de humor melhora sua saúde física.

O riso é bom para sua saúde emocional também. O humor é um ótimo demolidor de stress. Quando você estiver tão chateado que não sabe se ri ou se chora, escolha o riso toda vez.

O riso é bom para sua vida social. Você prefere estar perto de alguém que claramente desfruta da vida ou de alguém que está meramente suportando-a?

O riso também o beneficia de forma espiritual. Quando você pode rir de si mesmo e não se leva tão a sério, está um passo mais perto da humildade. Então, vá em frente e ria alto. Vai lhe fazer bem.

O riso que você segura pode ser seu gemido.

Encare os desafios.

Confiança é o primeiro requisito para grandes realizações.

– Samuel Johnson

Confiança

Existem dois tipos de pessoas no mundo: aqueles que ignoram seus problemas e aqueles que os enfrentam. Não é de surpreender que a diferença está correlacionada diretamente com aqueles que falham e aqueles que prosperam.

Pessoas que ignoram seus problemas geralmente acabam com problemas maiores. Pequenos problemas no escritório se tornam em revolta de funcionários. Pequenos ruídos se tornam em motores fundidos. Pequenos sinais de advertência se tornam em súbitos ataques de coração.

Pessoas que enfrentam os desafios são solucionadores de problemas. Eles chegam à raiz do problema rapidamente e mantêm suas vidas e as vidas daqueles a sua volta funcionando bem. Eles fazem ajustes agora, em vez de mais tarde.

O que é necessário para ser um solucionador de problemas? Primeiro, esta pessoa precisa da confiança de que o futuro será melhor que o passado. Segundo, ela deve admitir que a causa é digna do efeito.

Tome esta determinação interior hoje: "Com a ajuda de Deus, eu sou capaz de lidar com qualquer problema que me apareça".

Posicione-se sobre esta rocha e você ficará mais alto que seu desafio.

Lembre-se:
o fracasso não é fatal.

Fracasso é adiamento, e não derrota.
É um desvio temporário,
não uma rua sem saída.

– William Artur Ward

Fracasso

O lutador que cai **não** é derrotado. É o lutador que não levanta que perde a luta. O jogador que finge uma lesão não vence; o vencedor é aquele que joga apesar da dor.

Compreenda isto: você vai fracassar. Mas o fracasso não é fatal, desde que você se recupere dele.

Todos falham na vida. Cometemos erros nos julgamentos; nos tornamos negligentes ou egoístas. Às vezes apenas estragamos tudo. Estas coisas acontecem.

Sua vida nunca será julgada pelo dia de seu maior fracasso, mas pelo dia seguinte. O que você fez a seguir? Quais ajustes você fez em seu plano de jogo?

Se você aprender com o fracasso, será bem-sucedido.

Se você se irar com o fracasso, estará motivado a mudar.

Se você se levantar do fracasso, irá seguir para coisas maiores.

Você fracassou em **algum** momento na caminhada? Bem-vindo ao clube. A pergunta crítica é: "O que você vai fazer a seguir?"

Pense criativamente.

Imaginação é mais importante que conhecimento.

– Albert Einstein

Criatividade

Há um mito em nossa cultura que assegura que as mulheres são mais criativas do que os homens – e a maioria dos homens acredita nisso. Por alguma razão, muitos homens engoliram esta lenda e acreditam que seu papel na vida é somente lutar, cortar a grama, consertar os carros e limpar a garagem sem nunca ter um pensamento ousado, original e criativo.

Bobagem.

Escondida dentro de seu cérebro está uma fonte de energia criativa. Encontre-a, extraia dela e deixe a criatividade fluir. Esta energia pode incluir música ou artes – duas áreas em que a criatividade é útil. Mas pode incluir outras atividades como sua carreira, seu lar e até suas finanças.

Você já atingiu o topo no seu trabalho? Procure formas criativas para melhorar sua efetividade – melhor ainda, encontre uma nova posição onde você pode crescer.

Sua casa não está mais adequada para sua família em crescimento? Pense em maneiras para usar melhor os espaços ou faça renovações de baixo custo.

Você poderia usar de uma renda extra? Há possibilidades de ganhar dinheiro bem debaixo de seu nariz – você será criativo em procurá-las.

Esteja disposto a mudar.

Quando você parar de mudar,
você parou.

– Bruce Barton

Mude

Se tudo que você está disposto a fazer é o que está fazendo, então tudo que será é o que você é. Se você não está disposto a pensar, crescer, aprender e mudar, então vai ser impossível você alcançar qualquer coisa além do que vê. Entretanto, se você estiver disposto a fazer algumas mudanças, as possibilidades são ilimitadas.

Qual é o seu maior sonho ou desejo na vida? Você quer ganhar mais dinheiro? Casar? Colocar seus filhos na faculdade? Ser mais saudável?

Agora, o que você está disposto a fazer para isso acontecer? A questão é que, para estes objetivos acontecerem, mudanças serão exigidas na sua vida. Você talvez tenha que continuar estudando para conseguir um emprego melhor; mudar seu estilo de vida para melhorar um relacionamento ou mudar seus hábitos alimentares para melhorar sua saúde. Você certamente terá que mudar alguma coisa se quiser crescer.

Onde você quer estar e o que está disposto a mudar para chegar lá?

Seja parte da solução.

Todo problema contém as sementes de sua própria solução.

– Stanley Arnold

Problemas

Você os conhece. Eles existem em todo escritório, em todo time, em toda equipe de trabalho. São aqueles do contra – pessoas que não veem nada, apenas problemas e, frequentemente, são a causa deles. São os desanimadores. São os matadores de confiança. São as pessoas que estão sempre dizendo que não dá para fazer. Eles não "chocam e correm" como um habilidoso piloto de corridas; eles apenas chocam.

Tome uma decisão de nunca se juntar a eles. Determine que fará parte da solução, e não parte do problema. Determine ser um reparador, e não um destruidor.

Quando a cadeia de suprimentos quebrar, não critique. Pergunte: "O que podemos fazer para ajudar?"

Quando a direção vier com uma nova ideia, não atire nela. Faça perguntas reflexivas e então junte-se ao time.

Quando as vendas estão baixas, não culpe a economia, o time de marketing ou o produto. Coloque algumas ideias frescas na mesa.

Veja os problemas como oportunidades para crescimento e mudança, e você não será derrotado por eles – apenas desafiado para maiores conquistas.

Solucionar os problemas é sempre a solução certa.

Diminua o ritmo e viva um pouco.

Se um homem não mantém o ritmo com suas companhias, talvez seja porque ele ouve uma batida diferente. Deixe-o entrar na música que ele ouve, seja ela ritmada ou distante.

– Henry David Thoreau

Ritmo

Da próxima vez que for ao trabalho, ouça o relatório do tráfego no rádio. Conte o número de acidentes de trânsito que ocorre durante uma hora ou duas quando as pessoas estão fazendo mais nada além de ir ao trabalho. Muitas pessoas viveriam mais – literalmente – se simplesmente diminuíssem o ritmo.

Isso é verdade nas ruas e avenidas e em outros aspectos da vida.

Vivemos em um mundo super estressado e isso está nos matando. Stress é uma das razões primárias que as pessoas visitam o médico, além de estar ligado com praticamente toda doença, desde úlceras no estômago a doenças do coração. O stress causa problemas na vida familiar também.

Diminua o ritmo de sua vida e desfrute-a de vez em quando.

Quando você tiver férias e dias de folga do trabalho, use-os.

Dê uma olhada em seu calendário e pergunte: "Quais destas atividades são realmente essenciais?" Desligue-se, acomode-se e relaxe. Você não vai acreditar quão divertido é estar vivo.

Diminua antes de você ter uma parada completa.

Ame seus filhos.

Os filhos precisam mais de modelos do que críticas.

– Joseph Joubert

Filhos

Se você é pai, Deus tem lhe dado um dos maiores privilégios na terra. Ele lhe confiou o cuidado de seus filhos.

Infelizmente, talvez você esteja tão ocupado provendo para seus filhos que você ignora aquilo que eles mais precisam – você! Os anos em que seus filhos estão em casa são os anos que você está ocupado estabelecendo uma carreira, trabalhando duro e se desenvolvendo. Todas estas atividades são importantes, mas lembre-se de que estes presentes maravilhosos não vão viver debaixo de seu teto por muito tempo. Agora é o tempo de derramar seu amor neles.

Discipline seus filhos para que saibam como viver.

Ame-os para que tenham um senso de segurança.

Ensine-os para adquirirem autoconfiança.

Elogie-os para obterem autoestima.

Doe-se para seus filhos, assim como gostaria que um pai amoroso fizesse com você. Essa é a forma que Deus planejou. Ele foi o modelo de Pai, e ele lhe deu um Manual de Operação: a Bíblia. Os filhos precisam mais do que comida para crescer; eles precisam de amor.

Reconheça o maior milagre da vida.

A esperança é a companhia do poder e mãe do sucesso, pois quem tem forte esperança tem dentro de si o dom de milagres.

– Samuel Smiles

Milagres

Todos os dias, embora, talvez, você não perceba, milagres acontecem. Flores desabrocham, árvores germinam, passarinhos dão seu primeiro voo, bebês nascem. O milagre da vida é renovado milhões de vezes a cada vinte e quatro horas. Você já parou para perceber isso?

Aqui está o maior milagre de todos – sua vida. Você está vivo, desfrutando o dom da criação que Deus lhe deu. Celebre o dom da vida.

Pare um minuto hoje e pense sobre o fato de que está vivo. Agradeça a Deus por esse milagre.

Olhe pela janela e conte o número de seres vivos que vê. Lembre-se de que Deus fez cada um.

Quando você colocar seus filhos para dormir esta noite, se maravilhe no milagre de que nasceram de sua carne, lembretes vivos do dom precioso de Deus.

Agradeça o Criador pelos amigos e família.

Deus fez algo grande no mundo. Ele lhe deu a vida. Louve-o.

Continue a ver os milagres de Deus.

Evite ficar irado no trânsito.

Lembre-se de que a felicidade é uma forma de viajar, e não o destino.
– Roy Goodman

Viagem

Um décimo de segundo. Esse é o tempo que leva para dirigir 5 metros – o comprimento de alguns carros – em uma via expressa. Então, a próxima vez que alguém cortar em sua frente durante a "hora do rush", pergunte-se: "Vale à pena ficar nervoso por causa de um décimo de segundo?"

A raiva no trânsito se torna notícia quando a disputa de motoristas estouram em violência, mas todos nós estamos propensos o nos irar quando mal tratados na estrada. Motoristas descuidados são rudes, na melhor das hipóteses, e bem perigosos na pior delas. Enquanto dirigimos rapidamente em um trânsito engarrafado, é fácil os ânimos se aflorarem. Você diz coisas que se arrepende. Você é tentado a dirigir agressivamente. Talvez você devolva o favor de outra pessoa cortando outro motorista.

Não faça isso. Não deixe que a pessoa que lhe cortou no trânsito estrague seu dia. A vida é muito curta.

Tome controle de suas emoções atrás do volante. Lembre-se de que não há insulto que valha a pena arriscar sua vida – ou de outra pessoa. Fique calmo atrás do volante.

Esteja na "estrada do alto" na autoestrada.

Coloque um pouco de amor em sua vida.

Quando o amor e a habilidade trabalham juntos, pode esperar uma obra-prima.

– John Ruskin

Ame

O estereótipo é que as mulheres são mais românticas que os homens. Isso não é verdade.

Ambos, mulheres e homens, são românticos, mas temos a tendência de nos expressarmos de formas diferentes. Então, vá em frente – comece a se expressar.

Coloque um pouco de amor em sua vida dando à sua esposa um pouco de romance. Aqui estão algumas ideias:

Compre algumas flores quando estiver voltando para casa depois do trabalho.

Leva-a para comer fora numa terça-feira.

Agende um fim de semana para ficar com ela em algum hotel fazenda ou mesmo na cidade.

Coloque um chocolate em sua bolsa. Envie um e-mail romântico a ela. Lave as louças todas as noites por uma semana. Coloque as crianças para dormir.

Faça um elogio sincero a ela. Diga bem alto o quanto a ama. Procure pequenas formas de agraciar a vida de sua esposa. Pense em suas necessidades e coloque-as em primeiro lugar. Ela fará o mesmo por você.

O amor sempre vem primeiro.

Gaste tempo com bons amigos.

Sem amigos, ninguém escolheria viver,
mesmo tendo todos os outros bens.

– Aristóteles

Amizade

Você não consegue enfrentar a vida sozinho, e nem precisa. A vida foi criada para ser uma parceria, vivida em comunidade com família e amigos.

Além de seu cônjuge e membros próximos da família, quem você considera como amigos? Desenvolva amizades e mantenha-as passando tempo juntos. Você talvez tenha que tomar a iniciativa. Mas vá em frente. Fazer amigos é uma das coisas mais importantes a fazer. Você precisa interagir com os outros – para expandir seus interesses, para aprender. E a amizade é um bom começo.

Tome uma tarde livre e vá lanchar com alguns amigos.

Vá jantar com sua esposa e outro casal.

Se envolva em um pequeno grupo na sua igreja.

E não se esqueça de que a forma de ter amigos é sendo um. Dê uma mão ao vizinho que está trabalhando no quintal. Dê uma palavra de encorajamento a uma nova família na igreja. Sempre ofereça um sorriso e palavras positivas.

Amigos são para a vida.

Tenha uma causa especial.

Compaixão é a base de toda moral.
– Arthur Schopenhauer

Compaixão

É possível que sua vocação não seja o trabalho que trará realização a sua vida. Você pode ser um chefe de construção, no entanto anseia fazer mais do que erguer prédios. Você pode ser um contador, mas com uma paixão interior de poder ver vidas transformadas. Você pode ser um engenheiro, mas com um desejo de trazer cura aos quebrantados.

Aja neste desejo de fazer o bem e invista seu tempo e energia em uma causa por compaixão.

Há necessidades por toda a sua volta. Mesmo as comunidades mais ideais terão habitantes que sofrem de fome, abuso, vício de drogas, além de não terem um lar. Leia o jornal ou converse com pastores da área para descobrir o que está acontecendo à sua volta. E depois se envolva.

Doe seu tempo voluntariamente. Partilhe suas habilidades. Torne-se um mentor.

Você não pode mudar o mundo todo, mas pode mudar a vida daqueles ao seu redor. Sua vida pode ser mais do que uma carreira. Pode ser uma causa compassiva. Seu talento, seu tempo e seus recursos são justamente o necessário.

Doe-se até se sentir bem.

Dê um abraço em alguém.

Não fale sobre carinho desperdiçado, carinho nunca é desperdiçado.

– Henry Wadsworth Longfellow

Carinho

Você já notou como cachorros e gatos buscam carinho? Eles ficam ao seu lado, esfregam sua mão e praticamente imploram por um carinho na cabeça, não importa o que tenha acontecido naquele dia.

As pessoas não são muito diferentes. Todos nós precisamos de carinho.

Você pode iluminar o dia de, praticamente, qualquer pessoa com a expressão apropriada de afeição. Quando um colega de trabalho recebe algumas más notícias, uma mão no ombro e uma palavra amiga pode significar mais do que um aumento de salário. Afeição é uma forma de dizer: "Eu me importo com o que aconteceu com você".

Quando seus filhos têm um motivo para celebrar, dê a eles um abraço de urso! Carinho é uma forma de dizer: "Eu me importo com o que você realizou".

Seja rápido a oferecer um toque afetuoso, uma mão no braço, um caloroso aperto de mão e um ouvido atencioso. Deixe alguém saber que você se importa. Você pode romper a barreira da afeição de uma forma segura e salutar.

Além do mais, as pessoas são mais importantes que animais de estimação.

Feche sua boca quando irado.

Um tolo expande toda a sua ira, mas o sábio a encobre e reprime.

– Provérbios 29:11

Emoções

Saber a coisa certa a dizer é, praticamente, metade do que é necessário para ser considerado uma pessoa sábia. Saber quando dizer nada é a outra metade.

Manter sua boca fechada é uma maneira correta para ser visto como sábio, especialmente quando as emoções se afloram. Geralmente, quando ficamos zangados, nossa primeira resposta é retrucar ou escarnecer. Ao fazer isso, você pode ventilar um pouco da sua ira, mas isso geralmente prejudica os relacionamentos, fere sua reputação e quase sempre torna as coisas piores.

Aprenda a controlar seu temperamento aprendendo a controlar sua língua. Conte até dez antes de falar. Deixe o lugar. Mude o assunto. Ou faça uma "saída criativa". Faça qualquer coisa do que deixar suas palavras serem derramadas com raiva. Uma bagunça assim é difícil de limpar.

Lembre-se: Deus é paciente com você. Ele o aceita como é, e tornou possível que você fosse ainda melhor. Vigie seu coração e previna que espinhos cresçam em suas palavras.

Busque a excelência.

Tenho cuidado para não confundir excelência com perfeição. Excelência posso perseguir; perfeição é um negócio de Deus.

– Michael J. Fox

Excelência

Excelência é uma qualidade que todos respeitam. Nós a associamos com automóveis estilosos, roupas caras e restaurantes finos. Nem todos podem pagar por qualidade, mas todo mundo a quer. E todos deveriam buscá-la.

Aqui estão as boas notícias. Você pode ter qualidade em sua vida pessoal e escolher ser uma pessoa de excelência.

Decida que você dará o melhor de si em seu trabalho, independentemente se seu chefe está percebendo ou não.

Decida ser uma pessoa de integridade, sempre dizendo a verdade, nunca falhando com sua palavra.

Mantenha sua casa e posses em ótimo estado. Talvez você não possua um carro caro, mas pode manter o que tem parecendo que vale um milhão!

Apresente-se bem, e mantenha sua aparência sempre pra cima. Você não precisa andar na última moda, mas se dará bem se estiver sempre asseado e limpo.

Busque a excelência em tudo que fizer. Você consegue. É necessário apenas prática, insistência e persistência.

Tenha a excelência como padrão em sua vida.

Pare e cheire o café.

Se um homem sempre insistir em ser sério e nunca se permitir relaxar, irá se exceder ou se tornar instável sem nunca perceber.

– Heródoto

Relaxe

O que está em sua lista para sábado? Ajudar a arrumar a casa? Lavar o carro? Os fins de semana podem ser tão ocupados como os dias de semana – às vezes, mais.

Não se esqueça de fazer algo importante para você neste fim de semana – nada.

Tome algum tempo para relaxar e simplesmente desfrute em fazer nada. Permita-se ficar uma hora ou duas fazendo nada. Faça um café novo, folheie o jornal e simplesmente curta sua companhia. Tire o pó das cadeiras de sua varanda ou quintal e se prepare para um descanso sério.

Você não precisa abandonar suas responsabilidades. O perigo é você fazer justamente o oposto, tornando-se um escravo de sua agenda. Tome controle de sua vida descansando um pouco. Tome um tempo apenas para si e relaxe.

Trabalho é o que você faz para lhe ajudar a viver. Mas viver é que você faz para ajudar seu trabalho. Então, viva um pouco. Troque as roupas de trabalho por uns "chinelos".

Pare um pouco para você não parar.

Deixe alguma coisa.

Um homem muito ocupado para cuidar de sua saúde é como um mecânico muito ocupado para cuidar de suas ferramentas.

– Provérbio espanhol

Ocupação

Pegue sua agenda e revise as atividades do mês. Quantas coisas você faz fora trabalho e igreja? Você ainda pode ter algum compromisso uma vez por semana, uma associação cívica um sábado por mês e algumas reuniões de comitê espalhadas. E isso sem contar as atividades dos filhos, esportes do colégio e compromissos de sua esposa.

Você nunca se cansa?

Se você está sempre dizendo para si mesmo: "Ando tão ocupado", então você anda mesmo. Leve a sério a dica do subconsciente e deixe alguma coisa. Sim, deixe algo.

Isso não o fará um desistente. Isso o fará tomar controle de sua vida, ao invés de estar fora de controle.

Veja seriamente os objetivos para sua vida pessoal, sua vida espiritual e sua vida familiar. Então veja quais de suas atividades extras contribuem para alcançar seus objetivos e quais são apenas peso morto.

Como um domador de leão de circo, pegue um chicote e uma cadeira e dome esta agenda. Coloque-a em seu lugar e viva um pouco.

Desenvolva a mente de um aprendiz.

Uma boa educação deve deixar muito a ser desejado.

– Alan Gregg

Educação

Quando foi a última vez que você aprendeu algo? Eu suponho que todos aprendemos algo todos os dias por experiência. Mas quando foi a última vez que se lançou para aprender sobre alguma coisa no mundo que você não compreendia?

Cultive o hábito de aprender. Torne-se uma pessoa que é curiosa sobre o ambiente à sua volta. E então satisfaça esta curiosidade aprendendo coisas novas.

Pegue um livro ou uma enciclopédia e aprenda algo novo.

Visite uma fábrica de automóveis e descubra como os carros são feitos.

Pegue um telescópio e dê uma olhada nas estrelas.

É um mundo gigantesco lá fora. Mesmo que tenha feito curso superior ou pós-graduação, você nem arranhou a superfície de toda informação que está guardada no maravilhoso mundo de Deus. Não permita que sua mente fique em ponto morto. Torne-se um aprendiz a vida toda. Busque aprender mais amanhã do que você faz hoje.

Sua mente é uma das poucas coisas que você pode expandir sem rompê-la.

Aprenda o valor do trabalho.

Todo trabalho é uma semente no solo. Ela cresce, se espalha e colhe a si mesmo de uma nova forma.

– Thomas Carlyle

Trabalho

Contrário à crença de alguns, trabalho não é algo terrível. Trabalhar duro lhe dá um senso de conquista e acrescenta valor à sua vida. Trabalho é uma forma de acrescentar força à habilidade que Deus lhe deu. Então, quando você trabalha, você louva.

Não permita que outros lhe desprezem no trabalho. Eles podem ser mais fortes, mais jovens e mais inteligentes, mas se você trabalhar tão diligentemente quanto puder, sua luz vai brilhar da mesma forma.

Aprenda a gostar do trabalho que faz em casa. Não permita que suas tarefas de casa se tornem maçantes. Tenha orgulho no trabalho que faz em cuidar do carro e outras posses. Tudo que tem é algo sagrado de Deus. Seja um bom mordomo do que Ele lhe confiou.

Ensine seus filhos a trabalhar. Deixe-os ver que realizar algo pode ser prazeroso e recompense-os por fazê-lo. Você pode adicionar valor a qualquer coisa que escolher, se trabalhar com um propósito em mente.

Trabalhar duro pode não mantê-lo fora da fila do desemprego, mas vai mantê-lo na fila da realização.

Estude a vida pela perspectiva de um jogo de tênis.

Se a vida não lhe oferece um jogo que vale a pena jogar, então invente um novo.

– Anthony J. D'Angelo

Jogo

Tênis é um jogo interessante e parece muito com a vida. Primeiramente, joga-se em uma quadra de acordo com regras restritas. Assim é sua vida. Viva dentro dos limites da sociedade e conforme-se às regras.

O tênis sempre começa com um saque, e assim é cada dia. Toda manhã, você começa com uma nova possibilidade. Faça dela o melhor.

Como a vida, o tênis é um jogo de voleios. Você não vai ganhar todos, mas você também não vai perder todos. Se você aprender a se recuperar, ir até a rede de vez em quando e desenvolver um forte "*backhand*" (golpe dado com as costas da mão viradas para a frente) você vai se dar bem.

Tênis é um jogo de persistência e assim é sua vida. Uma partida de tênis pode durar horas e frequentemente se torna mais um teste de resistência do que habilidade. Determinação é seu maior aliado fora da quadra também. Se decidir perseverar, você poderá alcançar praticamente qualquer coisa.

Alguém já disse: "Eu não quero jogar tênis porque não quero me envolver em um jogo em que a palavra '*love*' (palavra usada quando não tem pontuação) significa nada". Mas tenha "*love*" (amor) em sua motivação para cada objetivo que quer alcançar – amor por Deus e por outras pessoas.

A vida não é apenas sobre tênis e pontos; é sobre boas jogadas ao longo do caminho.

Procure ser mais hospitaleiro.

Trate os outros da forma que gostaria de ser tratado.

– A Regra de Ouro

Hospitalidade

No mundo antigo, hospitalidade era uma das grandes virtudes. Nos dias antes dos hotéis luxuosos de hoje, viajantes exaustos dependiam da hospitalidade de estranhos para seu conforto e segurança. Atualmente, a hospitalidade é uma arte perdida. Reviva-a.

Quando sua igreja hospedar missionários e visitantes, abra sua casa para eles. Você vai prover um serviço valioso e terá a alegria de fazer novos amigos.

Quando houver novos integrantes em sua igreja ou local de trabalho, faça um encontro em sua casa, convidando alguns novos integrantes e membros antigos. Os relacionamentos se desenvolvem durante uma refeição casual ou uma xícara de café.

No curso de um dia normal, procure formas de ser cordial para colegas de trabalho e amigos. Segure a porta para alguém. Ofereça trazer café aos outros em uma reunião. Compartilhe sua caixa de chocolates com seu colega de departamento.

Esses pequenos atos de hospitalidade dizem "eu te valorizo". Eles vão dar o tom para o trabalho em equipe e da união que fará o dia de todos mais prazeroso.

Não seja competitivo demais.

A habilidade de focalizar a atenção nas coisas importantes é uma característica que define a inteligência.

– Robert J. Shiller

Competição

Homens amam competir. É parte da nossa natureza. Competimos nos esportes, negócios e até nas conversas. Tem alguma coisa na forma como Deus nos fez; todos nós queremos ser número um.

Na maioria das vezes, a competição é sadia e nos move às realizações. Parte da razão de sermos bem-sucedidos em nossas carreiras é que temos desejo natural para nos sobrepujar.

Mas a competição pode ser danosa também. Nossa "gana" em realizar pode nos levar a fazer coisas que nos arrependemos. Jogos de futebol amigáveis podem sair do controle quando a vontade de ganhar é suprema. A competição nos negócios pode tomar um rumo nojento quando move os competidores a serem enganadores ou a desobedecerem às leis.

Quando você tenta progredir à custa de outro, ambos acabam se prejudicando.

Modere sua vontade de ganhar com um desejo de manter a integridade e bons relacionamentos. Nunca deixe que sua vontade de avançar embace sua vista daquilo que mais importa: seu relacionamento com Deus e com os outros.

Você não precisa competir pela atenção de Deus. Você já a tem.

Diga não à tentação.

A tentação raramente vem nas horas de trabalho. É no seu tempo de lazer que os homens são feitos ou arruinados.

– W. M. Taylor

Escolhas

Ela está lá o tempo todo, como uma dor incômoda ou uma leve queimadura. Geralmente, não é difícil de controlar, mas está sempre lá. Tentação.

Todos enfrentam tentações, e a maioria de nós tem uma área particular de vulnerabilidade. Para a maioria dos homens, esta área é o sexo. Alguns homens são tentados ao adultério ou pornografia. Outros simplesmente lidam com pensamentos impuros.

Para outros homens, dinheiro é a tentação. Eles cobiçam as coisas e são tentados a mentir, trapacear ou roubar para obtê-las.

Raiva, álcool, drogas – há uma lista longa de coisas que podem tentar um homem, mas há uma única resposta para todas elas: fé.

Determine viver sua vida da maneira de Deus e permaneça nesta escolha quando encarar a tentação. Decida-se agora que você será um homem de caráter e então comece a fazer escolhas que irão tira-lo do caminho da tentação.

Você faz dezenas de escolhas todos os dias. Escolha aquela que terá um efeito permanente: diga não à tentação.

Bata muitas vezes na porta da oportunidade.

Nunca deixe sua persistência e paixão se transformarem em teimosia e ignorância.

– Anthony J. D' Angelo

Persistência

Todos sabem que Thomas Edison inventou a lâmpada. Mas a maioria das pessoas não sabe que ele tentou mais do que mil experimentos antes de conseguir este milagre da iluminação moderna. Ele tentou mil vezes e falhou.

Fico feliz que ele tentou o experimento 1001. Você pode não ser bem-sucedido em sua primeira tentativa, segunda ou terceira, mas você vai conseguir, contanto que continue aprendendo e se recuse a desistir.

Talvez você não consiga entrar na faculdade da primeira vez, mas continue tentando. Faça outro exame. Faça outra tentativa de conseguir uma bolsa. Você consegue! Você pode conseguir esta graduação.

Você, provavelmente, não conseguirá o primeiro emprego que tentou, mas isso não tem problema. Algum empregador vai reconhecer as habilidades que você tem a oferecer.

Sua primeira ideia de negócios pode não ser uma vencedora, mas você é. Continue trabalhando e você vai conseguir.

Existem alguns gênios no mundo. A maioria das pessoas são bem-sucedidas por pura perseverança, e você tem muito disso.

Discipline seus pensamentos.

Autodisciplina é aquilo que, ao lado da virtude, eleva um homem acima de outro, tanto verdadeira quanto essencialmente

– Joseph Addison

Disciplina

Você convidaria alguém a sua casa que insultasse sua esposa, dissesse piadas sensuais, alfinetasse você por faltar o trabalho e gastasse seu dinheiro? Improvável.

Então por que convidar esta mesma pessoa em sua mente?

Faça um inventário mental de seus pensamentos nas últimas vinte e quatro horas. Se você é como muitos homens, seus padrões de pensamento serão reveladores. Pode haver alguns pensamentos inapropriados, algumas observações não tão agradáveis, um pouco de devaneios e algum tempo de trabalho desperdiçado.

Não faça coisas em sua mente que você nunca faria na vida real. Discipline sua vida mental.

Rejeite pensamentos sexuais inapropriados. Não permita que fiquem tempo suficiente para ficarem confortáveis. Recuse ser rude ou de humilhar os outros, mesmo em sua imaginação.

Não fantasie viver um estilo de vida que você sabe que não é real para você.

Já foi dito que integridade é o que você é quando ninguém está por perto. Este ditado não é mais verdadeiro do que no lugar mais privativo de todos – sua própria mente.

Abra seu coração para Deus.

Se confessarmos os nossos pecados,
ele é fiel e justo para nos perdoar os
pecados e nos purificar
de toda injustiça.
– 1 João 1.9

Salvação

Você provavelmente já decidiu sobre muitas coisas na vida – formação, carreira, casamento. Talvez já tenha escolhido seu time favorito de futebol ou o piloto de Fórmula 1 favorito.

Mas tem uma coisa sobre o qual você precisa manter sua mente aberta – seu relacionamento com Jesus Cristo. Se você nunca se decidiu sobre este aspecto muito importante de sua vida, aqui está como você pode fazê-lo. É um simples ABC:

A – Admita que você é um pecador. "Porque todos pecaram e destituídos estão da glória de Deus" (Rm 3.23).

B – Creia que Deus enviou Jesus para pagar o castigo de seu pecado. "Mas a todos quantos o receberam deu-lhes o poder de serem feitos filhos de Deus: aos que creem no seu nome" (Jo 1.12).

C – Confesse que agora está arrependido de seus pecados e declare que Jesus Cristo é agora o número um em sua vida. "A saber: Se, com a tua boca, confessares ao Senhor Jesus e, em teu coração, creres que Deus o ressuscitou dos mortos, serás salvo. Visto que com o coração se crê para a justiça, e com a boca se faz confissão para a salvação" (Rm 10.9-10).

Aqui está uma oração que talvez você queira fazer: "Senhor Jesus, eu admito que tenho pecado contra ti. Peço perdão pelo meu pecado e confio em ti para me perdoar. Eu confio para vir em minha vida e me ajudar a viver para ti todos os dias. Amém."

Faça uma lista de objetivos e sonhos.

Vamos até onde nossa visão está.
– Joseph Murphy

Visão

Onde você quer estar neste período no ano que vem? Em cinco anos? Quando sua casa será quitada? O que espera realizar quando tiver quarenta anos?

Faça um roteiro de sua vida listando objetivos e sonhos. Então compartilhe-os com um amigo de confiança ou mentor. Submeter estas metas no papel irá torná-las mais fáceis de alcançar.

Escreva um plano de carreira de cinco e de dez anos para suas finanças. Daí, faça um plano em longo prazo que inclua sua aposentadoria. Mesmo que você esteja abaixo dos trinta, não é cedo demais para fazer este plano.

Liste as coisas que espera realizar em sua vida pessoal e espiritual. Persiga seus objetivos educacionais ou outros de autodesenvolvimento. Escrever seus objetivos ajuda a torná-los realidade.

Se você não os planejar, provavelmente não os fará.

Use seus talentos na igreja.

Aja como se o que você faz fizesse a diferença. Realmente faz!

– William James

Envolvimento

Ok, então sua carreira está indo bem. Você formou uma família, já deu entrada para uma residência e já vendeu um carro mais velho e agora tem um mais novo. Muitas coisas estão acontecendo com você.

O que você está fazendo pelos outros?

Se tudo em sua vida está centrado em você (ou sua família), então está perdendo algo importante. A verdadeira realização não vem daquilo que ganhamos dos outros mas daquilo que fazemos pelos outros.

Sua igreja é um lugar perfeito para começar. Você pode usar seus talentos e habilidades lá para elevar a vida de outros.

Se disponha a cantar no grupo de louvor ou sirva como porteiro.

Pergunte ao líder de jovens se ele ou ela poderia usar mais um voluntário.

Considere usar sua habilidade profissional como contador, advogado ou médico em um dos ministérios de sua congregação. Você tem muito a oferecer, e seus talentos farão muito bem. Coloque-os em ação na igreja.

Você não começa a se doar até ter se colocado à disposição.

Tenha equilíbrio com a tecnologia.

O que fizermos com a tecnologia determinará seu benefício ou malefício.

– Newton Minow

Tecnologia

A tecnologia transformou nosso mundo da noite para o dia. Menos de vinte anos atrás, a revista *Time* declarou o computador pessoal como "homem do ano". Neste curto espaço de tempo, o *microchip* tem tomado conta de tudo em nosso trabalho (você consegue imaginar um escritório sem um computador?) de conversas (você pode sobreviver sem um celular?) às nossas casas (DVD, alguém?). A maioria das mudanças é para melhor, mas algumas são para pior. Enquanto viajamos, trabalhamos e comunicamos com menos esforço, enfrentamos novos perigos também. Maníacos usam a internet para afligir as crianças; pessoas pornográficas forçam seus vírus imundos por meio de e-mails indesejados; e os telefones celulares podem interromper nossos pensamentos a qualquer hora, em qualquer lugar.

Tire o melhor da tecnologia disponível, mas não permita que ela tire o melhor de você. Faça uma aliança com seus olhos, consinta que você não irá ver material impróprio. Limite a intrusão da tecnologia em seu lar; estabeleça um número de horas que vai assistir televisão ou entretenimento eletrônico cada semana. Não permita que a tecnologia substitua contato humano pessoal em sua vida familiar. Marque momentos em que você vai desligar o vídeo game e os celulares e ter uma boa conversa à moda antiga.

Lembre-se: você controla o botão "desligar".

Deixe o passado para trás.

Perdão significa deixar o passado para trás.

– Gerald Jampolsky

Perdão

Ainda dói, não é? Você ainda pode ouvir as palavras dela ao terminar o relacionamento. Talvez o discurso do diretor executivo ainda ressoe em seus ouvidos. A palavra "diminuído" ganhou um significado totalmente novo quando aplicado a você. Pode ter sido um vizinho, a ex-namorada, um membro da família ou um estranho, mas todos já foram machucados por alguém.

Aqui está algo que talvez você não saiba. Cultivar o ressentimento somente faz doer mais. Lembrar-se de uma velha ferida é como colocar sal nela; arde ainda mais. A única maneira de se livrar do passado é através do perdão. As palavras de Jesus na cruz, "Pai, perdoe", nos lembra da importância de amar as pessoas independentemente do que elas têm feito para nós.

Soa impossível, não é? Deixar para trás uma ferida antiga não é fácil. Significa render seu direito de ferir outra pessoa da forma que lhe feriram. Não, não é fácil, mas é o único caminho para a liberdade.

Perdoe. Daí, você finalmente poderá superar seu passado.

Seja excessivamente generoso.

O hábito de dar aumenta somente o desejo de dar.

– Walt Whitman

Benevolência

O que você guarda não será usado. O que você dá receberá de volta. Essa é outra maneira de dizer algo que Jesus falou certa vez: "Dai, e ser-vos-á dado" (Lc 6.38). É a lei da generosidade. Quando você é generoso com os outros, eles serão generosos com você.

Nossa tentação é segurar tão apertadamente nossas posses e dinheiro que nossas juntas ficam brancas. O que é meu é meu. Eu trabalhei por isso, e mereço guardar cada centavo.

Aqueles que praticam a generosidade têm descoberto a ação de um princípio diferente. Eles sabem que dar é a melhor maneira de receber. Somos abençoados para poder abençoar aos outros.

Quando faz ações generosas, você constrói um banco de boa vontade.

Quando você dá algo a quem passa por necessidade, você ajuda o semelhante e ajuda a si mesmo. Quando dá o presente de seu tempo, você constrói relacionamentos com amigos.

Quando dá amor a alguém que está ferido, você traz cura.

Não seja miserável com seu tempo, talento e tesouro. Doe-se. Esse é o segredo de verdadeiras riquezas. Dar é viver.

Deixe suas ideias crescerem.

Existem apenas dois tipos de estudiosos: aqueles que amam ideias e aqueles que as odeiam.

– Emile Chartier

Ideias

As chances são de que você tenha algum dinheiro guardado em alguma poupança, aplicação ou previdência privada. E se você é sábio, está fazendo depósitos nela de forma regular. Você não tem a intenção de usar o dinheiro agora; está dando tempo para ele crescer. Mais tarde, os relativamente poucos reais que investiu vão render bons dividendos.

As ideias são muito parecidas. Você tem que investir nelas, guardá-las e dá-las tempo para crescer.

Inicie um banco de ideia e dê a ela um pensamento de vez em quando. Se você está em um negócio criativo, anote ideias de novos produtos e coloque-as em um arquivo.

Se outros trabalham para você, lance uma série de ideias na reunião de equipe. Então observe e veja se alguma delas se solidifica.

Quando você observar alguém fazendo bem o seu trabalho, faça anotações mentais e lembre-se de como o trabalho foi feito. Guarde a ideia em sua mente e veja se ela desenvolve alguma aplicação para o seu próprio trabalho.

Uma mente sem ideias é um deserto. Plante algumas boas ideias em sua mente e observe como elas crescem.

Viva retamente.

Meio-certo não é nada certo.
– J. B. Gambrell

Justiça

"Não há justiça, dentro ou fora da corte". Esta frase famosa, atribuída ao lendário jurista americano Clarence Darrow, pode parecer verdadeira às vezes. Com frequência, ouvimos noticiários sobre pessoas inocentes que são punidas injustamente e criminosos que são soltos sem a devida punição. Escândalos financeiros, negócios ilegais, subornos, corrupção – onde está a justiça?

É tentador pensar que, por causa de o mundo parecer injusto, nossas próprias ações não têm consequências. Mas elas têm. Temos controle limitado sobre o sistema de justiça, mas podemos controlar nossas próprias ações e ajudar a assegurar justiça para com aqueles que temos contato.

Comece com você mesmo. Siga as regras em casa, na rua e no trabalho. Diga a verdade no seu Imposto de Renda. Seja justo com seus filhos. E então amplie o círculo, trabalhando para assegurar justiça para aqueles à sua volta. Assegure que seus filhos estão se tratando justamente. Defenda seus funcionários. Tome consciência do que está acontecendo em sua comunidade. Quando os outros são tratados injustamente, seja sua voz. Contudo, sempre lembre-se de que, no final das contas, a justiça está nas mãos de nosso Deus, conhecedor de todas as coisas. Quando estiver lidando com os outros, deslize para o lado da justiça, assim como nosso Pai amoroso faz por nós.

Seja justo em suas ações e misericordioso em seus julgamentos.

Você pode fazer da justiça uma realidade em seu mundo.

Levante-se e continue.

Habilidade é o que você é capaz de fazer. Motivação determina o que você faz. Atitude determina quão bem você faz.

– Lon Holtz

Motivação

Começar é a parte mais difícil de qualquer tarefa. Uma vez iniciado, o trabalho parece que vai caminhar. Mas a parte difícil é começar motivado.

Aqui estão algumas ideias para você entrar em ação.

Torne-se uma pessoa da manhã. As primeiras três horas de seu dia são as mais produtivas. Você fará mais coisas no escritório entre 7 e 10 da manhã do que em todo o restante do dia. Então levante-se e mãos à obra.

Evite distrações. Não dê aquela olhada nos classificados, nem volte para mais uma xícara de café, e nem fique em pé para conversar com qualquer um que passar por ali. Determine-se e vá ao trabalho.

Desenvolva uma rotina para começar. Os jogadores de futebol fazem aquecimento. Os de vôlei se alongam. Encontre a rotina de cinco ou dez minutos que vai dizer à sua mente ou corpo: "É hora de trabalhar".

Trabalhe usando um plano. Tempo desestruturado é menos produtivo. Faça todos os dias uma lista de coisas que precisa fazer, e então as programe por ordem de prioridade.

Faça o que tem que fazer, e você verá os resultados.

Não fale precipitadamente.

O primeiro passo para conseguir as coisas que quer da vida é decidir o que você quer.

– Ben Stein

Conclusão

De acordo com um velho ditado, é melhor manter a boca fechada e acharem que sou tolo do que abri-la e ter certeza disso. Veja a sua volta. Você já deve ter percebido algumas pessoas que deveriam ter escolhido o silêncio em vez de falar.

Evite julgamentos precipitados e, mais ainda, declarações precipitadas. Desenvolva uma reputação como uma pessoa pensante, tranquila, alguém cujo julgamento pode ser confiado. Use sua cabeça antes de usar sua boca. Quando você finalmente falar, o que disser fará mais sentido e geralmente será menos destrutivo.

A Bíblia compara a língua a um leme (veja Tiago 3.4-5). Se você já velejou alguma vez, sabe da importância de manter o leme sob controle.

Ser devagar para falar não é o mesmo que ser indeciso. Examine a evidência, decida-se e expresse sua decisão. Às vezes, você terá que fazer isso rapidamente. Mas, no geral, você terá tempo de pesar suas opções e fazer uma decisão segura.

Volume nem sempre acrescenta qualidade. Use um julgamento correto.

Viva a verdade em vez de professá-la.

Integridade combinada com fidelidade é uma força poderosa e digna de grande respeito.

– Autor desconhecido

Integridade

Muitas pessoas proclamam seus pontos de vistas abertamente, tornando-se irritantes por comentar o declínio moral de nossa cultura. Infelizmente, algumas destas mesmas pessoas falham em viver de acordo com o padrão que professam.

Faça disso seu hábito: Aja primeiro e fale depois. Busque se tornar conhecido por sua integridade, e não como alguém que simplesmente fala sobre integridade.

Quando outras pessoas puderem dizer de você: "Ele é honesto, justo e correto", então você terá a autoridade moral de falar sobre estas virtudes com os outros.

Atos falam mais alto que palavras. Lembre-se de que suas ações estão falando um quilômetro por minuto, mesmo quando você não está dizendo nada. Na vida, um "andador" é melhor que um "falador". Pregar sem praticar geralmente significa uma carreira curta no "púlpito".

Lembre-se de que Deus é a fonte de integridade. Sua Palavra, a Bíblia, é um guia diário para viver uma vida moral em uma era relativa.

Não é quem você diz que importa; é quem você é.

Semeie gentileza na vida das pessoas.

As melhores porções da vida de um homem bom: seus pequenos, anônimos e esquecidos atos de bondade e amor.

– William Wordsworth

Bondade

Vivemos em um mundo cruel. Isso soa como um clichê, mas é frequentemente verdadeiro.

Todos os dias, alguém a sua volta está enfrentando a adversidade e poderia usar de um pouco de compreensão.

Um colega de trabalho é mandado embora.

A esposa de um amigo é diagnosticada com câncer. Seu vizinho tem um acidente de trânsito. Ele está bem, mas seu carro nunca mais será recuperado.

Essas são oportunidades de semear um pouco de bondade no terreno árido da vida. Você pode deixar a vida mais leve para as pessoas que conhece por meio da consideração e generosidade.

Diga "olá" às pessoas que você cruza no trabalho, mesmo se você não lembra de seus nomes. Ofereça uma mão amiga quando alguém estiver em uma necessidade óbvia.

Deixe os outros ficarem com as melhores vagas de estacionamento. Quando um colega atormentado no trabalho cometer uma falha no relatório, deixe passar.

Conceda passagem àquele motorista impaciente. Faça aos outros exatamente o que você gostaria que fizessem a você. Se todos fizessem isso, que mundo maravilhoso seria!

Bondade vê uma necessidade e a supre.

Confronte suas impossibilidades.

Dedicação não é o que outros esperam de você; é o que você pode dar aos outros.

– Autor Desconhecido

Dedicação

Elas estão lá – esperando por você, se elevando à distância. Elas são as barreiras impossíveis, aquelas que você sabe que não pode atravessar.

Você quer terminar o projeto este ano, mas as semanas estão passando muito rápidas.

Você quer terminar aquele curso, mas sua esposa está esperando outro bebê.

Você sonha com aquela viagem ao redor do mundo, mas sua saúde não é mais o que era.

O que você vai fazer sobre os sonhos impossíveis em sua vida? Ignorá-los? Agarrá-los? Deixá-los quietos?

Por que não achar uma maneira de torná-los possíveis?

Poucas coisas são verdadeiramente impossíveis. A maioria das quais pensamos ser impossíveis simplesmente requerem mais dedicação e engenhosidade do que a princípio pensamos. Quando você se deparar com uma daquelas barreiras intransponíveis, afaste-se, meça-a, e encontre um caminho para contorná-la. Cultive suas habilidades. Empregue os talentos dos outros. Leia. Aprenda. Copie o melhor dos melhores a sua volta. Você pode ser bem-sucedido.

Barreiras não são tão altas quanto a sua persistente dedicação.

Meça a riqueza pelo que não está à venda.

O segredo de uma vida boa é possuir lealdades corretas e segurá-las em uma escala correta de valores.

– Norman Thomas

Valores

A maioria das pessoas mede sua riqueza pelo que possuem. Você provavelmente já passou por isso. Você dirige pelo trânsito e percebe os carros que são melhores que o seu. Seu carro se tornou seu símbolo de status. Você vê uma placa de "Vende-se" em uma bonita casa e pensa se não é hora de se mudar. A casa em que você está diz algo sobre você.

O dragão do materialismo tem rastejado em nossa sociedade. Tentar ficar igual aos outros é um jogo que pode ser depressivo, porque é um jogo que você nunca pode ganhar. Sempre vai haver alguém que tem mais do que você!

Aqui está outra maneira de medir sua saúde. Julgue seu valor por aquilo que não está à venda em sua vida.

Sua vida pode estar no mercado, mas a sua integridade não.

Você tem considerado trocar de carro, mas determinou ser fiel a sua família. Os juros no seu financiamento podem ser negociáveis, mas sua honestidade é inegociável.

Uma promoção pode ter uma etiqueta de preço, mas você não está à venda.

Você tem caráter, orgulho e integridade.

Homem, você é rico!

Faça o melhor durante um dia.

Decida o que você quer, decida o que está disposto a trocar por isso. Estabeleça suas prioridades e vá ao trabalho.

– H. L. Hunt

Prioridades

Se você ganhasse R$ 1.440,00 todos os dias, no que você gastaria? Você poderia viajar, comprar algo para a casa ou sair para jantar. Mas tenho certeza do que você não faria. Você não gastaria R$ 240,00 para alugar uma televisão por um dia, e tenho certeza de que não gastaria R$ 60,00 em uma ligação. Contudo, muitas pessoas fazem isso.

Veja, nós recebemos 1440 todos os dias, isto é, minutos. E alguns de nós gastamos quatro horas ou mais assistindo televisão ou uma hora em bate-papo inútil. Gastamos a oportunidade de nossas vidas. Nós debitamos da única conta que nos dará o maior dos retornos.

Faça o melhor de seu tempo (e seu dinheiro também), estabelecendo prioridades. Gaste algum tempo com lazer, mas não todo o tempo. Gaste algum tempo planejando, mas assegure em trabalhar seu plano. Gaste algum tempo com os outros, mas certifique-se de deixar algum tempo para você.

Se você "tiver um minuto", você tem bastante!

Guarde sua reputação.

Você não pode construir uma reputação naquilo que vai fazer.

– Henry Ford

Reputação

Sua reputação é como um jogo de tacos de golfe antigos. É de um tipo único, impagável e insubstituível. Se você quebrá-los, não tem como repô-los.

Guarde sua reputação como você guarda sua vida. Não a sacrifique por alguns reais ou por alguns momentos de prazer. Não permita que nem um sinal de escândalo manche seu bom nome.

Mantenha sua palavra. Sempre faça o que você disse que iria fazer. Se você fez uma promessa, então cumpra-a. Se você disse que iria fazer, faça.

Lide com o dinheiro com honestidade meticulosa. Nunca permita que uma dúvida se levante sobre sua integridade financeira. Não engane a Deus nem engane o governo.

Pague suas contas em dia; mantenha seu crédito aberto. Seu rasto de dinheiro estará sempre quente. E alguém sempre estará nele.

Trate as mulheres com modéstia e respeito. Seja fiel à sua esposa e filhos. Alguém não somente precisa de você, mas também quer ser igual a você.

Você pode comprar fama, mas não pode comprar um bom nome.

Tire o "e se" de seu vocabulário.

Poucas coisas no mundo são mais poderosas do que um empurrão positivo. Um sorriso, uma palavra de otimismo e esperança.

– Richard M. DeVos

Otimismo

Não cante a canção "e se". Se você cantar, estará sempre fora de tom. A vida é linear, não circular. Você não pode voltar, então é melhor ir adiante. Você pode estar positivo, mesmo com as circunstâncias negativas em sua vida.

Tire as palavras "e se" completamente fora de seu vocabulário. Aqui está como.

Primeiro, pare de olhar para o passado. Não se permita questionar: "E se eu tivesse ido à faculdade?" ou "E se eu tivesse tomado outro rumo na carreira?" O passado já foi. Deixe-o para trás. Olhe pelo para-brisa, e não pelo retrovisor.

Segundo, pare de perguntar "e se" sobre o futuro. Não fique se perguntando: "E se eu mudasse de trabalho?" Se você quer mudar, faça! Não pergunte a si mesmo: "E se mudássemos?" Se isso se ajusta com seus objetivos a longo prazo, faça!

O mundo está a sua frente. Você pode conquistar grandes coisas na vida. Mas nunca irá conquistá-las com perguntas. Grandes coisas são conquistadas somente fazendo.

Faça o melhor em seu trabalho.

Trabalhamos para nos tornar, não para adquirir.

– Elbert Hubbard

Trabalho

Você recebe daquilo que entrega na vida, e isso é especialmente verdadeiro para seu lugar de trabalho. O que você extrai de seu trabalho – em todas as formas – depende amplamente no que você investe. Seu desempenho no trabalho não vai apenas fazer uma diferença ao seu chefe; no final das contas, vai fazer diferença para você.

Faça seu melhor no trabalho e você será recompensado. As pessoas vão notar que você trabalha duro. Você pode receber um aumento, ou não. De qualquer forma, se tornará um líder em seu local de trabalho. E líderes são recompensados através do tempo.

Faça seu melhor no trabalho e você será recompensado. Seu supervisor talvez não saiba quem são os mais produtivos, mas todos os outros sabem. Quando você dá o seu melhor, terá o respeito de seus colegas.

Faça seu melhor no trabalho e você vai amar o que faz. Tenha o objetivo de se esmerar todos os dias e sentirá melhor sobre o que está fazendo.

Torne-se um trabalhador melhor e se tornará mais produtivo.

Seja gentil com seu cônjuge.

"O que acha uma mulher acha uma coisa boa".

– Provérbios 18:22

Casamento

Você é provavelmente maior que sua esposa, e com certeza mais forte. Isso pode ser verdade fisicamente e em outros aspectos também. No geral, homens e mulheres tem uma formação emocional diferente. Nós gostamos de encarar um problema e "fazer". Elas, na maioria das vezes, estão mais preocupadas sobre sentimentos, relacionamentos – o lado mais macio das coisas.

Essa diferença significa que talvez necessite ser cuidadoso em se comunicar com sua esposa. Esteja atento aos seus sentimentos e vulnerabilidades e faça o que precisar para suprir suas necessidades – emocional, espiritual e também fisicamente.

Fale gentilmente mesmo estando chateado. Palavras fortes têm um poder imenso para machucar. Palavras mais suaves têm um poder curador.

Seja compreensivo com sua necessidade de conversar. Talvez ela tenha a necessidade de discutir coisas com você que lhe pareçam pequenas, mas são importantes para ela. As mulheres podem não ser o sexo mais fraco, mas frequentemente são o mais gentil.

Seja gentil com sua esposa. Afinal, ela é um presente de Deus.

Aprenda a ouvir.

Ouça mais e fale menos.
– Ditado popular

Atenção

"Ok".

"Em um minuto".

"Agora não".

"Espere um segundo".

Nós as usamos sem pensar – estas frases mascadas que comunicam uma mensagem muito óbvia: "estou ocupado"; "me deixe em paz". Nosso mundo já está se movendo muito rapidamente para o conforto. Tornamos ele pior quando falhamos em diminuir o ritmo e em ouvirmos aqueles a nossa volta.

Desenvolva os hábitos de um bom ouvinte. Olhe no rosto quando estiver falando com alguém. Não enterre seu rosto no jornal ou na tela do computador. Faça contato com os olhos durante uma conversa. Fazendo isso, você deixa os outros saberem que está atento ao que estão falando. Ouça sem interrupção. Deixa a outra pessoa terminar antes de oferecer uma resposta ou uma avaliação.

Comunicação é até mais importante hoje do que era, e muito mais complicada – mensagens instantâneas, mensagens de texto, e-mail. Temos a última tecnologia, mas é frequentemente mais fácil usar estes aparelhos no lugar de encontros face a face. O contato pessoal é ainda mais importante.

Prestar atenção comunica respeito.

Reflita nos sucessos e fracassos do passado.

Um homem de verdade sorri nas dificuldades, reúne força na aflição e cresce bravamente na reflexão.

– Thomas Paine

Pontos de referência

O que você aprendeu nos últimos vinte ou trinta anos? Se a resposta for "nada", você tem um problema.

Sua vida tem sido um laboratório para o sucesso e fracasso e você, provavelmente, teve sua parcela de ambos. A melhor coisa sobre o fracasso é a pior coisa sobre o sucesso – nunca é permanente. Se você venceu ou perdeu, não importa, você começa um jogo novo todos os dias.

Aprenda o que puder dos tropeços e triunfos do passado.

Quando você tiver êxito, procure os fatores que o levaram lá. Quais coisas você fez certo? Quais buracos você evitou de cair? Quem lhe ajudou ao longo do caminho? Você só teve sorte?

Quando você falhar, descubra o porquê. Onde estavam os erros no julgamento? O que você simplesmente falhou em fazer? Quem provou a maior resistência? Você poderia fazer melhor da próxima vez?

Esteja você pronto ou não, o sol nasce toda manhã. Você pode se preparar para um novo dia tirando algum tempo para refletir naquele que acabou de terminar.

Cultive sua vida devocional.

A oração não muda Deus,
mas muda aquele que ora.
– Soren Kierkegeard

Oração

Quanto você paga mensalmente pelo seu serviço de celular? E quantos minutos "grátis" você ganha por este valor? Mesmo que seu tempo de ligação seja ilimitado, você ainda está pagando algo pelo privilégio de usar o serviço.

Aqui está um negócio melhor. Fique conectado com Deus através da oração. Não há taxa de instalação, nem cobrança mensal, e todos os minutos são verdadeiramente grátis.

Cultive sua vida devocional conversando com Deus todos os dias. Cave um tempo em sua agenda apertada para marcar este compromisso. Estabeleça um horário e faça.

Faça dessa conversa uma comunicação de duas vias. Diga a Deus o que está em sua mente. Deixe-o saber o que o faz temer ou o que lhe frustra. Peça por sua ajuda para os problemas que enfrenta.

Então ouça o que Ele diz a você. Faça silêncio. Fique apenas quieto por alguns minutos. Você irá ouvir sua voz, falando em alto e bom som.

Leia a Bíblia. Ele já expressou seus sentimentos sobre você.

Não há cobranças de "longa distância" com Deus e você sempre estará em sua área de cobertura.

Diga obrigado frequentemente.

Gratidão nasce dos corações que tomam tempo para contar misericórdias passadas.
– Charles E. Jefferson

Gratidão

Já ouvi dizer que os cachorros são os únicos animais na terra que vão trabalhar somente pelo elogio. Não é verdade. Os seres humanos farão quase qualquer coisa para ouvir aquelas duas palavras simples: "Muito obrigado".

A melhor parte de dizer "obrigado" é que é completamente grátis. Não custa nada mostrar gratidão aos outros, e isso lhe dá uma das mais valiosas recompensas – encorajamento.

Diga "obrigado" a sua esposa e filhos, por apenas ser parte de sua família.

Deixe seu amigo saber o quanto você gostou daquele presente de aniversário.

Diga "obrigado ao atendente da loja que lhe devolveu o troco, e sorria.

Expresse sua gratidão ao seu pastor, seu chefe e seus funcionários. Deixe-os saber que você é grato pelo papel que desenvolvem em sua vida.

Diga "obrigado" a qualquer um que faz um bom trabalho, independentemente se fizeram o trabalho para você ou não.

Um bom "obrigado" vale mais do que dinheiro – e você pode distribuir "obrigados" sem restrição!

Confie totalmente em Deus.

Eu lhe mostro dúvida,
para provar que a fé existe.
– Robert Browning

Fé

Se você estiver esperando provas, não há nenhuma. Apesar de todos os livros que prometem evidência irrefutável de que Deus é real e que Ele te ama, essas são verdades que você simplesmente se apodera pela fé.

Precisa de fé para crer que Deus existe. Você não pode vê-lo. Mas pode conhecê-lo. Creia.

Precisa de fé para crer que Deus te ama. Coisas ruins acontecem na vida, mas o Senhor ainda é bom. Confie nEle.

Precisa de fé para crer em um lar eterno chamado Céu, um lugar onde não há tristeza e onde você pode viver para sempre. Mas este lugar realmente existe. Saiba disso.

Precisa de fé para aceitar Jesus Cristo como Filho de Deus e confiar sua vida inteiramente a Ele. Apenas Ele é digno de confiança. Siga-o.

Você pode dizer que simplesmente não acredita. Se isso é verdade, você nunca iria colocar a chave na ignição de seu carro. Você nunca sentaria em uma cadeira dobrável. Crer está em tudo ao seu redor, e você pratica isso todos os dias.

Vá em frente. Dê um salto de fé.

Termine bem.

Grandes obras não são realizadas pela força, mas pela perseverança.

– Samuel Johnson

Perseverança

Centenas de pessoas já tentaram escalar o Monte Everest. Somente alguns deles chegaram ao topo. Não é o começar que vai lhe colocar nos livros de história. É o terminar.

Você já começou bem em sua vida de muitas formas.

Já começou seus estudos, ou, quem sabe, sua carreira. Talvez já tenha se casado e formado uma família. Você começou a jornada da fé aceitando a Jesus Cristo. Isso é um bom começo.

Agora você tem que terminar bem.

Não se distraia com ocupações menores. Termine os estudos que começou.

Não se arruíne pela desonestidade. Termine forte em sua carreira.

Não seja desviado pela tentação. Termine seu casamento com a fidelidade que jurou no início.

Não seja desencorajado pelas dúvidas. Mantenha-se forte na fé e termine a corrida que começou. Você vai passar por eles ao longo do caminho – os abatidos de coração, os cansados, os viajantes de vida boa. Mas mantenha seus olhos no prêmio e continue.

Termine bem na corrida da vida.

Permaneça humilde.

A vida é uma longa lição
de humildade.

– James M. Barrie

Orgulho

Alguém já falou que se você tocar sua própria corneta, geralmente vai sair em um tom muito alto. Humildade verdadeira é a marca de caráter; orgulho falso é uma mancha. Uma opinião exagerada de si mesmo não é somente ilusória aos outros; mas lhe afasta de alcançar seu total potencial.

Claro, nem todo orgulho é mau. Certa quantidade é necessária para ser bem-sucedido. Mas o orgulho falso é destruidor. Ele faz exigências irracionais a você. Faz com que os outros percam o respeito por você.

Trabalhe na sua humildade. Tenha consciência no fato de que suas habilidades são dadas por Deus. Você só pode fazer aquilo que Ele o capacitou para fazer.

Não se coloque em um pedestal. Aprecie o valor dos outros. Deixe os outros saberem que você tem confiança neles.

Seja um aprendiz e um ouvinte. Gaste mais tempo adquirindo sabedoria e conhecimento do que dando-os. Tenha orgulho de quem você é. Seu Criador já lhe confirmou. Ele olhou em toda sua criação e a declarou muito boa.

Ele tem orgulho de você.

Vista-se para o sucesso.

O sucesso geralmente chega àqueles
que estão muito ocupados
para procurá-lo.

– Henry David Thoreau

Aparência

Existe uma coisa sobre as pessoas bem-sucedidas – elas se parecem. A aparência não é substituta para aptidão, mas vai lhe conseguir uma plateia. Inicialmente, a forma que você parece é tão importante quanto você sabe. Vista-se para o sucesso. Trabalhe sua aparência.

Vista-se com estilo. Ternos anos 70 ficam parados nos cavaletes de trás de brechós. Deixe-os lá! Basta uma rápida olhada por um catálogo ou revista para ver quais são as tendências da moda. Você não precisa copiar os enfeites detalhadamente, mas perceba o que os homens de negócios estão usando.

Esteja bem trajado e limpo. Você não precisa comprar suas roupas em Beverly Hills para parecer que esteve lá. Use seu ferro de passar roupas. Engraxe seus sapatos. Mantenha seus cabelos bem penteados. Use pastilhas de hortelã.

Peça uma opinião. Você não precisa aparecer em um programa de televisão para obter uma avaliação de sua aparência. Pergunte àqueles que você mais respeita. Pegue umas dicas do povo.

Vista-se para o sucesso. O que está no seu corpo vai afetar o que está em sua mente.

Use a raiva positivamente.

A raiva é um sinal, e um que vale a pena escutar.

– Harriet Lerner

Raiva

Algumas coisas devem deixá-lo irritado. A raiva, porém, tem um lado positivo. Quando você olha para a injustiça e problemas tão prevalecentes na sociedade, deve fazer seu sangue borbulhar. Alguém precisa ser o defensor dos indefesos. Essa pessoa pode muito bem ser você.

Use sua raiva de maneira positiva. Levante-se por alguém que foi rejeitado. Você vê este tipo de gente no trabalho. Eles moram na sua vizinhança. Você ouve o clamor deles. A raiva que sente pela injustiça sobre alguém que conhece tem um remédio – suas palavras, seu sorriso, seu consolo.

Deixe sua raiva ser transformada em uma força motivadora por trás de seus bons esforços. Suas habilidades podem tornar a vida de alguém melhor. Você pode construir uma casa para os sem-teto, ou orientar alguém que foi abandonado, ou até mesmo prover transporte a um serviço social para uma pessoa que precisa do programa.

Abrace uma causa – religiosa, social ou política. Então, faça seu melhor em tornar as coisas certas.

Não se vingue. Apenas fique motivado.

Seja um ourives de palavras.

Boa comunicação é tão estimulante quanto café preto e tão difícil quanto dormir depois.

– Anne Morrow Lindbergh

Comunicação

As palavras certas podem ser uma obra de arte. Um ourives pega a matéria-prima e a refina, modela e pule em algo lindo. Você pode fazer o mesmo com as palavras.

Todos temos a matéria-prima para trabalhar – o mesmo alfabeto. Mas aquelas letras podem ser usadas tanto para a beleza quanto para a feiura. Use-as de forma bela. Seja um ourives de palavras.

Seu dia todo é geralmente construído em torno da comunicação. Seja em casa, no trabalho, na sala de aula ou no campo de golfe, suas palavras fazem a diferença.

Escolha as palavras cuidadosamente. Use-as como uma bengala em vez de uma arma. Escolha as úteis em vez das prejudiciais. Deixe alguém se apoiar nelas em vez de evitá-las.

Ache umas palavras novas. Leia o jornal. Acrescente uma nova palavra ao seu vocabulário e use-a hoje.

Use-as também para curar. Se você vir alguém ferido, use palavras curadoras como "Desculpe", "Tem algo que eu possa fazer para ajudar?"

Uma palavra aos sábios: use palavras sábias.

Não tenha medo de chorar.

Nenhum homem tem o direito de ditar o que outros homens devem perceber, criar ou produzir, mas todos devem ser encorajados a revelar suas percepções e emoções, além de construir confiança no espírito criativo.

- Ansel Adams

Emoções

Somos bem melhores com emoções agora. Tempos atrás, quando um homem crescido chorava, era considerado fraco. Agora, demonstrar suas emoções é frequentemente um sinal de força.

Aceite, somos seres emocionais. Ficamos arrepiados quando nos deparamos com a bandeira nacional. Rimos de piadas bobas. Sentimos nosso coração acelerar quando alguém corta nossa frente dirigindo na rua. Choramos quando perdemos um amigo ou ente querido.

"De onde veio este sentimento?" perguntamos. A resposta é simples. É instalação de fábrica. Sentimentos não são uma opção, como aparelho de DVD em um carro novo. É um acessório padrão. Cada emoção desempenha uma parte no todo de sua saúde mental e física.

Então, não tenha medo de dar risadas. Dar risadas é uma forma de liberar tensão.

Não tenha medo de chorar. Lágrimas é a forma de Deus extrair a dor excessiva.

Não tenha medo de se irar. Ficar irado é dado para preservar a segurança.

Emoções o ajudam a lidar com a agitação.

Mantenha o bom hábito de estudar.

Eu vou estudar e ficar preparado, quem sabe minha chance virá.

– Abraham Lincoln

Estudo

Não muito tempo após ter passado por aquela plataforma da graduação, você percebeu que não estava terminado com seus estudos. Estudo não é somente para aqueles que querem se formar na faculdade. Você tem muito a aprender, mesmo depois de ter aprendido bastante. Bons hábitos de estudo ajuda o aprendizado. Maus hábitos de estudo ajudam a esgotamento.

Até jogadores de futebol têm que estudar. Os treinos não são apenas exercícios físicos, treinos táticos ou coletivos. Espera-se que cada jogador gaste algum tempo estudando jogadas.

Talvez não lhe chamem para cobrar o último pênalti na final da Copa do Mundo, mas a vida vai lhe entregar algumas coisas para as quais você vai precisar estar preparado. Estude história. Você pode aprender com o passado. Estude eventos atuais. Fique "por dentro", e você estará "dentro". Estude a natureza. A criação de Deus é uma sala de aula maravilhosa.

Estude os outros. Alguém que você conhece talvez já tenha vencido a luta que está passando.

Estude a Bíblia. A vida já foi mapeada. Esteja disposto a pesquisar e estudar o exigido para fazer seu trabalho com excelência. Seja conhecido por alguém que talvez não tenha todas as respostas, mas em quem se pode confiar para descobri-las.

Não esqueça seus estudos. Você ainda precisa aprender muito com a vida.

Não se esqueça das pessoas.

Valorize seus relacionamentos,
e não suas posses.

– Anthony J. D' Angelo

Relacionamentos

A vida não é um show de um personagem só. É um drama encenado com outros atores. A forma que interage com os outros vai significar a diferença em seu sucesso ou fracasso.

Faça algumas "aulas de encenação".

Aprenda a jogar dentro dos limites das pessoas. Palavras e ações lhe dão dicas de como reagir. O trauma delas pede seu carinho. Suas palavras de afeição pedem as suas em retorno. A raiva deles pede sua calma poderosa.

Cuidado para não ofuscar aqueles à sua volta. Atores são treinados para não ficar na frente da luz de outro. Eles são ensinados a não ficar em pé entre seu colega e a plateia. Isso é um bom conselho para os relacionamentos. Deixe os outros desfrutarem do holofote também. Dê uma oportunidade para alguém ser visto e receber o aplauso.

Ouça as dicas. Às vezes, os atores esquecem seus textos. Eles dependem dos colegas atores para dar as dicas. Relacionamentos são da mesma forma. Haverá vezes que você não saberá o que dizer. Ouça as dicas dos outros – suas reações, o tom de sua voz – e reaja de acordo.

A vida realmente é um palco. Encene bem antes de as cortinas descerem.

Admita suas falhas.

A maior das falhas, eu diria, é estar consciente de nenhuma.

– Thomas Carlyle

Defeitos

Você tem algo que é totalmente singular: seus próprios defeitos. Todos têm defeitos, mas não são como os seus, que são feitos à medida e se encaixam à sua personalidade. Eles podem refletir sua árvore familiar, seu lar ou seu bairro. Mas eles têm seu nome neles.

Nunca deixe de admitir quando estiver errado. Admitir seus erros é mais um sinal de força do que de fraqueza. Homens fracos permanecem chorando. Vencedores são aqueles que enfrentam uma falha, transformando-a numa fortuna.

Admita quando tiver dito a coisa errada. "Me desculpe" é uma frase que tem poder de mudar toda a atmosfera em um ambiente. Use-a frequentemente.

Admita quando tiver feito a coisa errada. Você nunca será perfeito no desempenho, mas pode ser perfeito no propósito. Às vezes, seu coração estará no lugar certo, mas suas mãos e pés vão lhe trair. Confesse.

Defeitos não são fracassos. Pecado é um fracasso. E já que Jesus nunca pecou, Ele é o único que pode tomar conta de seus pecados – se você pedir.

Pratique batidas.

Labute a fim de fazer-te notável por algum talento ou afim.

– Sêneca

Habilidades

No beisebol, os melhores batedores são aqueles que praticam batidas. Eles gastam tempo na gaiola do batedor, praticando de batidas a arremessos. É o mesmo na vida. A prática nem sempre leva a perfeição, mas faz algo melhor.

Algumas habilidades são naturais. Outras têm que ser aprendidas. Por exemplo, alguns jogadores de beisebol parecem ter habilidade natural. Eles correm mais rapidamente. Parecem ser mais coordenados e com mais foco e habilidades naturais de arremesso.

Outros têm que desenvolver isso. Eles ainda ficam no campo, enquanto outros jogadores estão a caminho do vestiário. Eles gastam tempo extra treinando e correndo ao redor do campo e ainda ficam jogando enquanto outros estão a caminho de casa.

Campeões trabalham suas habilidades. Eles pegam aquilo que lhes foi dado e aperfeiçoam-no. Podem não ganhar o prêmio de "melhor jogador". Podem até não ganhar o campeonato. Mas são vencedores porque estão melhorando.

Desenvolva suas habilidades. Faça o que puder fazer; somente faça melhor amanhã o que fez hoje.

Diga a verdade.

Onde haverá dignidade se não houver honestidade?

–Cícero

Honestidade

Seu nariz não vai crescer quando você contar uma mentira, mas tudo mais em você vai parar de crescer – seu espírito, seu caráter, sua determinação. Desonestidade é o primeiro passo na estrada do fracasso.

George Washington disse: "Não posso contar uma mentira". Isso foi quando ele era jovem. Mais tarde, ele pode ter abandonado este juramento. Só Deus sabe. Mas você pode contar uma mentira. Você nasceu com esta tendência. Ela remonta até os dias do Jardim do Éden. Seus ancestrais eram mentirosos.

Você pode quebrar esta corrente e determinar ser honesto em suas palavras, em suas ações e em suas atitudes.

Você pode pagar toda a quantia de seu imposto de renda – mesmo quando os outros estão burlando. Pode admitir que tomou a decisão que arruinou o projeto do escritório. Pode confessar àquele policial que lhe parou por estar a oitenta quilômetros por hora numa área em que o limite era sessenta: "Você está certo, policial. Eu estava a oitenta quilômetros por hora".

Com a ajuda de Deus, você pode tornar a honestidade seu único estilo de vida.

Ajuste para mudar.

Tudo muda, exceto a mudança.
– John F. Kennedy

Mudanças

"Algo está diferente", você diz indo ao trabalho de manhã. "Bem ali, onde esta loja de conveniência estava, há um terreno vazio. Quando isso aconteceu? Este bairro está realmente mudando".

Você está certo. Não somente o bairro está mudando; a comunidade está mudando. De fato, o mundo está mudando. Nada é igual ao que era.

A guerra cria mudanças.

Avanços científicos mudam a forma que fazemos as coisas.

Tecnologia muda nosso mundo.

Homens e máquinas estão se movendo por todas as nossas paisagens familiares. Você pode ou lutar contra isso ou ir correnteza abaixo. A diferença significará não somente sua sanidade, mas também seu sucesso. Aceite a mudança. Admita que não é de todo ruim. De fato, alguma mudança é boa – muita boa. Ar-condicionado, morfina, televisão colorida, MP3s – cada avanço lhe ajuda sentir, ver, ouvir ou viver melhor. A única coisa que nosso mundo não pode fazer é fazê-lo agir melhor. Você tem que trabalhar nisso por si mesmo.

Crie mudanças. Algumas coisas não deveriam ficar da mesma forma que estão – seu telhado, a fachada de sua casa, sua rua, seu bairro. Você poder ser um agente de mudança e um agente mudado.

Comece um regime para treinamento de força.

O empreendimento de uma nova ação traz força nova.

– Evenius

Força

Aquelas pessoas fazendo repetições com pesos na academia não estão somente trabalhando seus músculos. Estão trabalhando seu espírito. Estão trabalhando através da dor para poder ganhar. Elas sabem que uma rotina disciplinada vai ajudá-las a alcançar sua melhor forma.

É o mesmo na vida. Um treinamento de força vai ajuda-lo a alcançar seus objetivos.

Fortaleça sua atitude. Pratique deixar de lado os traços grosseiros de outros e aceite as pessoas por quem elas são.

Fortaleça seu caráter. Aprenda a dizer não, ainda que pareça desagradável. Lidere em vez de seguir. Negue o momento pelo bem do todo.

Fortaleça seu coração. Preencha-o com pensamentos piedosos. Memorize as promessas de Deus. Espelhe em suas ações. Coloque os outros primeiro. Dê o seu tempo de qualidade à igreja, e não o tempo de sobra.

Fortaleça seus laços. Coloque sua vida em risco pelo bem de outro. Faça sacrifícios pessoais para ajudar ou sarar alguém que ama.

Vá em frente! Mire a eternidade e você não vai perder a vida.

Balance a bandeira.

Eu só lamento ter apenas uma vida para perder pelo meu país.

– Nathan Hale

Patriotismo

É seu país. Deus o colocou aqui. Através do heroísmo de homens e mulheres ao longo do tempo, Ele deu a liberdade que o faz livre. Não tenha medo de balançar a bandeira e nem medo de ser um patriota.

Há pessoas que odeiam sua liberdade de andar por uma rua da cidade quando você quer isso. Elas odeiam seu discurso livre, bem como sua oportunidade de fazer uma carreira de sua escolha. Elas odeiam essas coisas a ponto de fazer tudo que puderem para destruí-las.

Tome uma posição pela sua liberdade.

Fale como um patriota. Levante-se pelo seu país. Louve os feitos que resultaram em seu direito de dizer bem alto o que está em sua mente.

Vote como um patriota. Há mais poder num voto do que em mil mísseis. Mas os mísseis vão prevalecer se os patriotas forem preguiçosos em expressar suas opiniões.

Ande como um patriota. Viva os princípios que formaram a estrutura de nossa democracia.

Você pode fazer isso! Você tem que fazer isso!

Agarre-se ao momento.

A verdadeira alegria aparece, em primeiro lugar, em desfrutar de si mesmo.

– Joseph Addison

Desfrutar

Existe algo que tem o potencial de ser uma joia que você vai apreciar para sempre – o momento. Pode ser um dia, uma hora ou um minuto. Mas um momento no tempo é um dos maiores tesouros na vida.

Você vai reconhecê-lo, vai ter um brilho diferente por causa dele. Você pode estar com a família, amigos ou camaradas; mas você vai reconhecê-lo como um tempo que não pode ser revivido.

Vá mais devagar. Tome um tempo procurando por aquele momento. Ache espaço para uma oportunidade que está cheia de fé, amizade ou diversão.

Olhe para o alto. Medite. Reflita. Leia. Ore. Cante. Deixe seu coração flutuar para além do horizonte do tempo rumo à eternidade.

Fique alerta. É somente um momento. Ele vai passar antes que perceba. As crianças vão crescer. A esposa vai envelhecer. Amigos vão procurar outros. Este é o seu momento para desfrutar completamente.

Você pode ter apenas um momento, mas é tudo que precisa para tornar um dia cinzento em um ensolarado.

E não esqueça: Deus lhe deu; Ele tornou seu dia em um momento dourado.

Ame seus netos.

Aconselhe aos seus filhos virtude, que, por si só, pode fazê-los felizes, e não o ouro.

– Ludwig Van Beethoven

Netos

Talvez você não esteja qualificado ainda. Mas algum dia pode ser chamado.

Então, em todo caso, é melhor praticar. Você pode ser um avô.

Alguns de vocês já têm respondido ao chamado. Você sabe o que é desfrutar de uma foto na carteira, um caminhar pela praia, ou um empurrão no balanço – gastar tempo com seus netos.

Avós (ou pré-avós) estão sempre treinando.

Estão aprendendo como dar espaço ao crescimento. As ideias de ontem não se encaixam mais hoje, que é um novo dia diferente de qualquer outro. Os avós não têm que desistir de seus *ideais*, mas, às vezes, precisam se desprender de suas *ideias*.

Avós estão aprendendo como amar. Os netos de hoje são uma nova edição. Eles farão coisas que os deixariam vermelhos iguais a pimentas. O amor aceita as pessoas sem aprovar suas ações.

Avós estão aprendendo como auxiliar a ação dos pais, dando melhores conselhos na linha lateral do que no próprio campo. Mas estarão sempre lá, se necessário.

Ame seus netos. Os dividendos são inestimáveis!

Encha sua caixa de ferramentas.

A única aplicação de um conhecimento
do passado é nos capacitar
para o presente.
– Alfred North Whitehead

Equipando

É bom ter as ferramentas perto quando você precisa delas – chaves de fenda, serras elétricas, braçadeiras. Você nunca sabe quando a ferramenta certa vai trazer água corrente, luz ou abrir o portão de casa. O segredo está em ter as ferramentas certas.

Existem algumas ferramentas que farão sua vida andar mais eficientemente.

Autocontrole. Saber lidar com as emoções abrirá portas. Ninguém quer investir em alguém que age primeiro e pensa depois, ou em alguém que, se perder a paciência, provavelmente vai bater em alguém.

Cordialidade. Tratar os outros com respeito sempre vai fazer com que as coisas andem mais suavemente. Uma palavra gentil, uma boa ação espontânea, uma abertura da porta do carro – cordialidade é insubstituível.

Espiritualidade. Um coração para Deus sempre permite luz entrar. Como uma lanterna iluminando uma trilha sombria, a fé lhe ajuda a achar seu caminho e fornece um senso de segurança.

Você vai pensar nos outros – ferramentas que você já usou para trazê-lo até aqui, ferramentas que talvez necessite acrescentá-las à sua caixa.

Mantenha sua caixa de ferramentas cheia e você terá o que precisa para construir uma vida bem-sucedida.

Acenda a churrasqueira.

Uma pequena mesa com um grande bem-vindo faz uma grande festa.

– William Shakespeare

Hospitalidade

Este lugar em que você vive é mais do que uma casa ou um apartamento. É um oásis.

É um lugar onde as pessoas podem vir para achar refrigério. Você não tem que dar uma festa extravagante para elevar o espírito de alguém. Talvez um "churrasquinho" seja tudo que precisam. O segredo não está na comida, bebida ou no preço da carne. O segredo está na atitude do anfitrião.

Não deixe a hospitalidade para sua esposa. Tome a liderança. Faça as pessoas se sentirem bem-vindas. Elas vieram de outro lugar, não importa de onde. Elas precisam de um aperto de mão caloroso, um sorriso gentil e uma palavra agradável.

Faça as pessoas se sentirem importantes. Claro, você tem ideias. Mas somente ouça. Faça uma pergunta para "iniciar" e depois só deixe a outra pessoa expressar sua opinião.

Faça as pessoas sentirem-se amadas. Permita que o cuidado e a compaixão de Deus fluam de você. Estas pessoas têm procurado um oásis como o seu. Não as desaponte.

Seja um inspetor de segurança.

É um dos piores erros supor que há algum caminho seguro exceto o do dever.

– William Nevins

Segurança

Vamos encarar – tudo que uma vez foi considerado seguro é agora suspeito. Fomos afetados pelos crimes e atentados terroristas. Nossa segurança está em alerta total. Desde uma ida à padaria até um voo internacional, tudo é diferente.

Você foi designado a ser o Inspector de Segurança. Seu trabalho é assegurar que todos em sua casa estejam protegidos dos fenômenos atmosféricos e do inimigo.

Veja o que você assiste. Mantenha sua família segura do império maléfico da imoralidade. Estabeleça algumas regras para a TV. Veja programas que o elevem em vez dos que o deixam abatido.

Proteja a geladeira. Alimentos com muita gordura e carboidratos podem ser armas de destruição em massa. Pense sobre sua dieta diariamente. Estabeleça um padrão de alimentação. As pessoas não estão apenas vendo você comer; elas estão vendo o que você come.

Vigie seu coração. O inimigo vai vencer se ele o aterrorizou. Mantenha você e sua família focados na fé. Leve Deus da igreja para casa. Deixe-o ter controle sobre qualquer recinto de seu lar. Confie nEle pessoalmente. Confie nEle coletivamente.

É melhor estar seguro do que se arrepender depois.

Focalize no futuro.

Dizem que uma pessoa precisa de apenas três coisas para ser verdadeiramente feliz neste mundo: alguém para amar, algo para fazer e algo para se ter esperança.

– Tom Bodett

Esperança

Amanhã é mais do que o título de uma canção em um musical da Broadway. É um espírito. É uma expectativa de que o sol vai sair, as nuvens logo vão desvanecer, que a vida vai ficar melhor. Uma das melhores coisas que você pode fazer para si mesmo e para sua família é focalizar no futuro. Tenha esperança.

Como?

Lembre-se de que Deus tem tudo sob seu controle. Desde o primeiro amanhecer ao último pôr do sol, Ele tem estado no controle de cada evento e continuará a estar no controle por toda a eternidade. Confie nEle. Deposite sua fé nEle. Assine seu nome às suas promessas.

Não focalize seus problemas. Deixe outras pessoas pensarem sobre eles. Focalize em solidificar. Focalize na fé. Trabalhe em soluções em vez de se preocupar sobre os problemas.

Continue cantando. Uma canção tem uma maneira de espantar a "escuridão". Se não pode cantar, assobie. E se não consegue assobiar, coloque seu edificante CD favorito. Transforme sua situação em um santuário de louvor.

Encare a vida com esperança para um amanhã mais radiante.

Seja um vencedor.

Crescemos porque lutamos, aprendemos e superamos.

– R. C. Allen

Superação

Qualquer um pode desistir assim como muitos desistiram. Alguns não desistiram; mas apenas se entregaram, como numa corrida de carros onde o líder da prova estava muitos segundos à frente. Alguém se acalmou em segundo lugar. O dinheiro ainda era bom. Ainda conseguiram alguns pontos na classificação.

Mas vencedores não ficam felizes com o segundo lugar. Eles farão de tudo para superar obstáculos – sejam eles um pneu furado, pouco combustível ou uma derrapada. A linha de chegada vale um esforço extra. Como as pessoas na faixa da vitória superam a adversidade?

Focalize o fim. Olhar para trás é perigoso na vida e numa corrida.

Fique alerta. Desde sua primeira aula na autoescola, lhe disseram para "manter os olhos na estrada". Foco é muito importante na vida.

Fique ligado com o Engenheiro Chefe. Na corrida, o piloto está em comunicação constante com alguém que tem uma visão melhor da pista – que sabe das condições do carro e do piloto. Você tem uma vantagem semelhante. Seu pai celestial vê tudo. Ele conhece as condições. E Ele conhece você.

Seja um vencedor. Não se estabeleça em segundo quando pode estar na pista da vitória.

"Cavalheiros, liguem seus motores!"

Sobre o Autor

Stan Toler é superintendente geral na Igreja do Nazareno com um escritório no Centro de Ministério Global em Lenexa, Kansas.

Ele foi escolhido para o cargo mais alto eletivo na igreja na 27ª Assembleia Geral em Orlando, Flórida, EUA, em julho de 2009, após servir por 40 anos como pastor em Ohio, Flórida, Tennessee e Oklahoma.

Stan Toler escreveu mais de 70 livros, incluindo *A Excelência do Ministério*, *Repense a Vida*, *Treinador de Líderes*, *Qualidade Total de Vida* e a popular série *Minutos de Motivação*, editados pela CPAD.

Recentemente foi condecorado com um título honorário de Doutor em Divindade pela Southern Nazarene University.

Ele e sua esposa, Linda, que é educadora, têm dois filhos casados, Seth (Marcy) e Adam (Amanda), e dois netos, Rhett e Davis.